PRIX : 25 CENTIMES

LE
COMITÉ CENTRAL

SES PARTISANS
SES ADVERSAIRES

PAR

A.-G. CLAUDE

ANCIEN RÉDACTEUR DU *PROGRÈS*

LYON

IMPRIMERIE ADMINISTRATIVE DE V⁰ CHANOINE

10, Place de la Charité, 10.

—

1879

LE
COMITÉ CENTRAL

Ses Partisans. — Ses Adversaires

Ce qu'on va lire n'est point un plaidoyer, encore moins un pamphlet. Les amateurs de personnalités et de scandales ne trouveront pas dans cet humble travail, de quoi contenter leur curiosité passionnée. Aussi n'est-ce point à eux que nous nous adressons.

Notre ambition est de conquérir les suffrages de tous les hommes qui, étrangers à toute coterie et n'ayant pas leur siége fait, sont prêts à entendre le langage de la vérité. On se récriera peut-être, en nous accusant de vouloir restreindre d'avance le nombre de nos lecteurs ; comme si les hommes, susceptibles d'impartialité ne formaient pas l'immense majorité du corps électoral !

En abordant l'étude du mécanisme électoral à Lyon, nous ne nous dissimulons pas combien un pareil sujet est délicat. Certains esprits, superstitieux ne nous marchanderont pas leurs conseils. Prenez garde, diront-ils, la question est brûlante ; toucher au Comité central, c'est toucher à l'arche. Qu'on se rassure : nous ne toucherons à l'arche, qu'avec le respect qui lui est dû.

Échapperons-nous à ce reproche banal, qui consiste à insinuer que l'ambition ou l'intérêt sont les mobiles des revendications les plus légitimes ?

nous n'en sommes pas certains. Depuis quelque temps, une partie de la démocratie n'a que trop l'habitude de se payer de mots. Malheur à ceux qui veulent toucher à certaines questions ! On les écrase d'un mot : vous allez diviser la démocratie !

Mais, la division n'existe-t-elle pas ? N'est-il pas plus sage de chercher à la faire disparaître, que de persister à la nier ? Si la démocratie était aussi unie qu'on l'affirme, nous garderions le silence, car nous n'aurions rien à dire. Mais le public n'a pas oublié la discussion violente qui s'est engagée naguères sur l'étendue du pouvoir du Comité. Une récente élection a démontré l'existence d'une division profonde dans les rangs de la démocratie.

Deux conseillers généraux, sommés par leurs anciens comités, de donner leur démision, ont refusé d'obéir et publié, dans les journaux, les motifs de leurs refus. Leur conduite a trouvé des approbateurs ; un grand nombre de dissidents ont pris parti. Telle est la situation.

Pendant que les optimistes font des idylles sur l'union, la discipline et autres vertus cardinales, Lyon se divise en Bourguignons et Armagnacs, en partisans du Comité, et adversaires du Comité ! On oppose à tout cela le triomphe significatif de la candidature Chavanne. Le Comité l'a emporté, c'est vrai ; mais les dissidents n'ont pas désarmé, et tandis que vous affectez le calme de la force, ils recrutent des adhérents.

En cherchant un remède au mal, nous remplissons un devoir. Puissions-nous être soutenus par la bienveillance de nos lecteurs !

I

Le Comité central électoral qui a présidé à toutes les élections lyonnaises depuis l'année 1871 fut constitué après la fatale journée du 8 Février.

L'horizon politique était sombre. La république, battue sur les champs de bataille, venait de recevoir un terrible échec sur le terrain électoral. La démocratie des campagnes affolée de paix et de terreur, avait capitulé honteusement, comme les armées impériales. Les noms sortis des urnes populaires signifiaient : paix à tout prix avec l'étranger, guerre aux Français, réaction, royauté. Un vent de proscription soufflait de toutes parts et menaçait d'entraîner les forces éparses de la démocratie.

Lyon tint fièrement tête à l'orage. Quelques citoyens énergiques se réunirent et résolurent de donner au parti républicain, la cohésion qui lui manquait. Les périodes troublées sont toujours favorables à la création des pouvoirs centralisateurs. Le Comité de Salut public qui sauva la France de 1793, du démembrement et de la guerre civile, n'eut d'autres raisons pour exercer sa patriotique dictature, que les dangers qui menaçaient la république.

Loin de nous la pensée d'établir une comparaison entre ce pouvoir révolutionnaire et le Comité central ! nous constatons simplement une analogie dans l'origine. La république était en danger, et le Comité central fut créé pour servir de digue contre le débordement des fureurs réactionnaires. La démocratie lyonnaise, battue dans les élections de février, donna son adhésion à la nouvelle institution. Elle affirmait ainsi son désir de prendre une éclatante revanche.

Le Comité prit, à sa naissance, le titre suivant : Comité central de *l'alliance républicaine*.

Il siégea rue Grolée, 57.

Une circulaire en date du 23 avril 1871, expliqua son but ainsi que son organisation, aux électeurs lyonnais. Nous en extrayons les principaux passages :

« Le Comité central n'a pas le mandat de déterminer de son chef les candidatures des diverses circonscriptions électorales. Ce droit appartient exclusivement aux groupes électoraux. Les délégués d'un même arrondissement se réunissent, constatent au moyen des procès-verbaux, les votes de leurs groupes respectifs, déterminent ainsi des candidatures, qui ont obtenu la majorité des suffrages. Ce travail est soumis à l'examen du Comité central, qui fait les observations nécessaires, et le travail de la régularisation générale propre à favoriser le succès ......

Pour mieux caractériser son œuvre, et éviter tout équivoque, le Comité central a modifié son titre, en ajoutant le mot électoral. »

Le Comité central, était formé par la réunion plénière des délégués d'arrondissement. La loi qui supprima le scrutin de liste, localisa l'élection dans les arrondissements qui eurent alors des Comités centraux animés d'un même esprit. C'est pour ce motif que nous continuerons à donner le nom de Comité central, à l'ensemble des Comités d'arrondissement.

L'organisation fixée par la circulaire précédente n'a guère varié ; si quelques changements purement superficiels ont été opérés depuis, le fond est resté le même. Le Comité se définissait lui-même à cette époque, en ajoutant le mot *électoral* à son titre. C'est donc au point de vue électoral seul que nous nous placerons pour examiner son rôle.

Le citoyen Favier, un des hommes les plus fortement trempés de la démocratie radicale, était l'âme du nouveau Comité. Ce nom indique assez l'esprit qui allait diriger ses actes.

Le Comité reçut le baptême du feu, dans la lutte électorale du 30 avril. Malheureusement l'échauffourrée de la Guillotière vint troubler les élections municipales, qui ne purent avoir lieu dans quelques sections. Triste et déplorable journée ! Les ruraux étaient contents ; ils avaient leur guerre, la guerre de la rue, celle qui devait noyer dans des flots de sang, la république et le suffrage universel. L'attitude du Comité fut digne d'éloges. Il déjoua, par sa prudence, les calculs criminels des ennemis de la démocratie. Bien loin de participer au mouvement qui se préparait depuis quelques jours, il le combattit énergiquement ; ses membres recommandèrent le calme. Qu'avait-on besoin de recourir aux armes, le jour même où le peuple exerçait sa souveraineté, au moyen du bulletin de vote ? Aussi, les malheureux égarés qui engageaient si imprudemment la lutte, demeurèrent-ils dans leur isolement. Leur force était si peu redoutable, qu'une administration prévoyante aurait pu étouffer la révolte dans son germe, sans effusion de sang.

Le Comité, après avoir fait preuve d'un si grand esprit politique, affirma son influence dans la journée du 6 mai, date à laquelle les élections municipales avaient été renvoyées, par suite des événements du 30 avril. La liste qu'il avait recommandée aux électeurs l'emporta dans tous les arrondissements, excepté dans le premier. Pour être fidèles à la vérité, ajoutons que les officiers de la garde nationale avaient eu leur part d'influence dans la désignation des candidats.

Bientôt le Comité ne partagera ses triomphes avec personne. Les élections du 2 Juillet, qui devaient être si décisives pour les destinées de la république, allaient avoir lieu. Il adressa un pressant appel, le 9 juin, aux maires et conseillers municipaux du département, pour mieux assurer sa victoire, et pour terminer son œuvre de centralisation. Cet appel fut entendu ; les délégués des campagnes se joignirent aux délégués lyonnais, et la démocratie-radicale l'emporta. Les candidatures Millaud et Ordinaire, proposées par le Comité central, contre la liste Denfert, furent acclamées par 60,000 électeurs. La réaction et la colition bourgeoise furent vaincues en même temps, et n'eurent que la consolation de pleurer ensemble leurs morts.

Les dates se pressent, et les victoires se multiplient. L'élection du 8 octobre pour la nomination des conseillers généraux, les élections municipales complémentaires du 29 octobre 1871, sont autant de succès nouveaux pour le Comité, dont tous les électeurs acceptent volontiers la dictature. On chercherait en vain des dissidents ; si quelque voix proteste, elle reste sans écho. Les nombreux Comités qui s'étaient formés, après le 8 Février, sous des titres divers : *Union républicaine*, *propagation des idées républicaines*, *droits de l'homme*, viennent se fondre dans le Comité central ou disparaissent.

Disons, pour être justes, que la dictature du Comité fut tempérée par une demi-publicité. Outre les garanties qu'offrait une assemblée composée de 200 membres environ, on avait le compte-rendu officieux des décisions importantes et des résolutions graves. Sans doute, la publicité si nécessaire aux réunions où se discutent les intérêts du peuple, n'existait pas ; mais le Comité n'était pas impénétrable, et tous les citoyens pouvaient être admis dans son sein, au moyen d'une carte délilivrée par un groupe d'électeurs. La maison de la rue Grolée - était une véritable maison de verre. Le huis-clos n'était pas encore élevé à la hauteur d'une institution. D'ailleurs, l'opinion publique, tenue en haleine, par la gravité des circonstances, veillait sur ses délégués, et, quoiqu'elle ne marchandât pas son appui, elle n'abdiquait pas sa volonté.

Enfin, la persécution et les colères de la réaction, firent une sorte d'auréole au Comité, et en augmentant sa popularité, accrurent sa force. Les journaux stipendiés mis en appétit par les représailles qui suivirent la Commune, vouaient ses priucipaux membres aux haines des classes dirigeantes, et à la sévérité du pouvoir. Le gouvernement manifestait-il une velléité libérale ? Le nom de la rue Grolée, répété d'un ton mystérieux, répondait à tout. La maison dans laquelle se réunissait le Comité était considérée comme l'antre de la démagogie, et le repaire des derniers communards. Les journaux illustrés servaient à leurs abonnés, comme morceaux de choix, de sombres gravures enguirlandées de

sombres commentaires, qui représentaient l'antre horrible, et le bourgeois suant la peur, se recommandait à Dieu ! Cette prostitution de la plu-
me manqua son but, qui était de faire passer pour démagogues, des
hommes respectés, qui s'appliquaient à modérer la légitime ardeur de la
démocratie. Etranges démagogues, en vérité, ceux qui recommandaient
le calme, au moment de l'anniversaire du 4 septembre et du désarme-
mement de la garde nationale !

L'année 1871 est écoulée. Nous nous sommes étendus peut-être trop,
au gré de quelques-uns, sur les événements qni ont marqué les débuts
du Comité. Pourquoi le regretterions-nous ? L'année 1871 est propre-
ment l'âge héroïque. C'est dans ces origines qu'il faut chercher les causes de son influence incontestée.

L'année 1872 ne fut signalée par aucun fait important. On ne peut en
dire autant de l'année 1873. La suppression de la mairie centrale, votée
par l'assemblée de *malheur*, le 4 avril 1873, fournit au Comité l'occasion d'affirmer son attachement aux franchises municipales. Il fut l'in-
terprète indiqué de la population lyonnaise, en envoyant, le 27 avril, une
adresse de félicitations, au Comité parisien chargé de soutenir la candidature Barodet. Quelques jours après, par le choix du citoyen Ranc
comme candidat, il scella le pacte d'union entre Lyon et Paris. Les
60,000 électeurs du 2 Juillet répondirent à l'appel du Comité et procla-
mèrent, le 11 mai, la solidarité de toutes les communes françaises.

La ferme attitude du Comité, en cette circonstance, ne saurait trop
être louée. Les Cassandres du centre gauche ne manquèrent pas de pro-
phétiser toutes sortes de malheurs, et le 24 mai sembla donner raison à
tous ces profonds politiques. O fatale élection Barodet ! O malheureuse
élection Ranc ! elles étaient causes de tout le mal. Il ne manquait à ces
apôtres de la couardise politique, si bien représentés à cette époque par
le *Journal de Lyon*, que la sanction apparente des événements. Ils l'eurent, à souhait. Avec quelle ironie, ils jugèrent nos œuvres ! Depuis,
il a fallu en rabattre ; les historiographes ont été pris en défaut, car on
a prouvé que le 24 mai était un acte de préméditation, préparé de lon-
gue main, en vue d'une restauration monarchique.

Le régime qui suivit le 24 mai n'a pas besoin d'être raconté. Il est pré-
sent à tous les esprits, avec son triste cortège de vexations arbitraires, et
de persécutions systématiques. Lyon fut l'objet des attentions particu-

lières du gouvernement de combat. Un ingénieur grotesque, échoué dans la politique, avait reçu mission de nous moraliser. On sait de quelle façon il s'en acquitta. Une administration où le comique le disputait à l'odieux, signala son passage à l'Hôtel-de-Ville. On arrêta, on terrorisa, non sans ridicule. Les journaux suspendus ou supprimés, les bons citoyens menacés dans leur liberté, les établissements publics fermés par décret, étaient autant de sacrifices jugés nécessaires pour sauver la société. L'état de siége régnait en maître.

Le Comité s'entoura d'un mystère impénétrable, pour soutenir la lutte. La discipline fut fortifiée ; elle n'était pas alors un vain mot ! Qui donc aurait songé, en ce moment, sous l'œil d'une autorité tyrannique, à lui disputer ses pouvoirs ? L'élection Ballue est la seule qui mérite d'être citée, pendant les années 1874 et 1875. Elle eut toute la portée d'une déclaration de guerre contre le proconsul Ducros. Le Comité avait été bien inspiré.

Nous touchons à la date du 20 février 1876. Le Comité central aborda la période électorale, avec le prestige de ses succès passés, des grands services rendus à la démocratie lyonnaise. Il dirigea les élections, et les candidats sur lesquels il fixa son choix furent élus sans opposition. Nous disons, sans opposition, car les candidatures Pirodon et Crestin, quoiques dissidentes, n'attaquaient pas d'une manière précise, l'institution du Comité central.

En 1877, la réélection des 363 était imposée comme le meilleur moyen de protester contre le 16 mai. L'intervention du Comité central n'eut donc pas un caractère actif, si ce n'est à l'égard de l'élection de la Guillotière. Les sympathies qui environnaient la personne du citoyen Ordinaire, malgré ses faiblesses privées, tombèrent devant une énergique circulaire adressée aux électeurs par le Comité central de l'arrondissement.

Comme on le voit, l'accord est parfait entre la démocratie et le Comité, jusqu'à l'élection Chavanne.

Le ministère du 14 décembre fut comme un rayon de soleil bienfaisant, après le sombre cauchemar du 16 mai. A la faveur de cette lumière, beaucoup de citoyens voulurent examiner ce merveilleux instrument qui avait fait toutes les élections depuis 1871. Ils voulurent savoir si son empire sur les esprits ne choquait point les principes de la démocratie.

La mort prématurée du citoyen Durand détermina l'explosion. Le docteur Chavanne, présenté par le Comité, voit se dresser contre lui trois candidatures rivales; 5,000 électeurs se prononcent pour ces dernières. 5,000 dissidents! Il faut ouvrir les yeux; l'invincible phalange macédonienne est entamée! Voilà le premier effort sérieux de la démocratie pour anéantir l'autorité du Comité. Cri de révolte impuissant, suivant les uns; symptôme significatif, suivant les autres, et précurseur de la victoire définitive. Où est la vérité?

II

Nous donnons la parole aux dissidents :

« Le Comité central exerce sur les électeurs une autorité absolue, qui devient de plus en plus intolérable. Il avait sa raison d'être, pendant que la République était environnée de conspirations et d'embûches. Il doit disparaître, aujourd'hui que le Gouvernement républicain est au-dessus de toute atteinte. La démocratie ne peut plus couler librement dans le lit qui lui a été creusé. Plus de barrages! Plus de digues! Place à la libre discussion! Une institution qui s'arroge le droit exclusif de choisir les candidats, et qui ne tend à rien moins qu'à étouffer l'initiative des citoyens, doit être combattue sans relâche. Le peuple ne veut plus se soumettre aux ukases d'un Comité qui est devenu un foyer d'intrigues, et qui substitue ses préférences personnelles au vœu du plus grand nombre. Le personnel dirigeant du Comité se compose, d'ailleurs, d'hommes d'une compétence douteuse, d'une énergie contestable. Grâce à eux, l'opportunisme est entré dans la place, et la représentation du corps électoral, à tous les degrés, n'est plus en harmonie avec nos aspirations. Qu'est-ce qu'un tribunal qui juge à huis-clos?

« La publicité est une condition de la justice. Les réunions publiques sont seules autorisées à se prononcer sur la valeur des candidats. Le Comité les repousse. La liberté de la presse est indispensable pour la sincérité des élections. Or, le Comité tient sous sa tutelle les journaux les plus répandus, et confisque à son profit la liberté de la presse.

« Un pareil système ne peut produire que l'irritation et la haine, ou l'indifférence politique et l'abaissement des caractères. Nous sommes à Venise, et le Conseil des Dix est souverain. Le devoir de tout républicain radical est de s'insurger contre les décisions de ce pouvoir occulte, qui gouverne sans responsabilité. Les candidats imposés par le Comité doivent être combattus, quelles que soient d'ailleurs leurs opinions, parce qu'ils sont candidats du Comité. Qu'est le Comité? tout. Que doit il être? rien. »

Voilà une conclusion un peu forcée, et qui semble inspirée par cette mauvaise conseillère qu'on nomme la passion. Il est évident que le Comité a des pouvoirs trop étendus pendant la période électorale. Faut-il en conclure que sa suppression est nécessaire? Où trouvera-t-on un meilleur instrument de propagande? On veut déraciner une institution entrée dans nos mœurs. C'est faire table rase trop tôt. Les électeurs lyonnais ne sont pas disposés à entrer dans cette voie. Ils ont encore une trop grande confiance dans la fermeté, la vigilance et la sûreté d'informations du Comité, pour que cette entreprise ne soit pas téméraire. D'ailleurs, la République n'est pas encore à l'abri de tout danger, comme on l'affirme. Les coupables du 16 mai sont encore impunis, et conspirent dans l'ombre. Enfin, l'échéance de 1880 doit nous tenir en éveil. Pour tout dire, on juge trop sévèrement les hommes qui composent habituellement le Comité. Pour quelques légèretés blâmables, pour quelques incapacités notoires, faut-il condamner en bloc un groupe de citoyens énergiques et dévoués à la démocratie?

Mais pourquoi prenons-nous en mains la cause du Comité? Il n'a pas besoin d'avocats. Il se défend, même avec excès. Ecoutez-le plutôt:

« Le Comité central a la confiance de la démocratie lyonnaise. Les victoires répétées qu'il a remportées depuis sept ans le mettent au-dessus de toutes les attaques. Tous les républicains sincères respectent ses décisions. Ceux qui le combattent sont des ambitieux déçus, qui cachent, sous le grand mot de liberté électorale, leurs rancunes et leurs convoitises. On lui reproche son despotisme. Cette accusation est-elle fondée? Le Comité n'est que l'organe de la volonté *des groupes qui représentent exactement l'opinion de la démocratie.* Faire respecter les volontés de la démocratie, est-ce là du despotisme? Que lui reproche-t-on encore? De glisser sur la pente de l'opportunisme.

Accusation spécieuse ! Le Comité central n'est pas le censeur du corps électoral, il en est l'image. S'il y a eu des choix opportunistes, c'est aux électeurs qu'il faut s'en prendre.

« Le Comité sortira plus fort de ces épreuves. La démocratie lyonnaise ne peut se passer de cette excellente institution. Les réunions publiques sont sujettes à l'entraînement et à l'erreur. Le vent qui souffle, un parleur habile, une cabale bien organisée, un geste mal interprété, déterminent souvent leurs résolutions. Le Comité ne s'inclinera jamais devant elles. Il ne modifiera rien à sa manière de procéder, consacrée par le temps. Il adopte entièrement la maxime célèbre : *Sint ut sunt, aut non sint*. En dehors du Comité, tout n'est que faiblesse, illusion, impuissance. »

Voilà qui s'appelle monter au Capitole, de la meilleure façon du monde ! Le Comité se bouche les oreilles, et ne veut rien entendre. Il triomphe, et cela lui suffit. Partisans du Comité, n'allez-vous pas trop loin dans la défense de vos priviléges ? Vos adversaires ne sont pas tous des ambitieux, en quête d'une candidature. Votre institution, toute respectable qu'elle soit, ne saurait être considérée comme un dogme. On n'est pas schismatique, pour ne pas croire en vous. Paris n'a pas de Comité central, et n'en tient pas moins fermement le drapeau de la République radicale. La théorie des hommes nécessaires a fait son temps ; celle des Comités nécessaires ne saurait avoir un long succès.

Vous invoquez vos triomphes électoraux. Ils ne sauraient vous dispenser d'être justes et raisonnables. Vous n'êtes pas à l'abri de l'inconstance du sort. Souvenez-vous de l'Empire qui succomba en septembre, malgré les 7,500,000 suffrages du mois de mai. Il était appuyé sur les fonctionnaires de tout ordre, sur la police, sur l'armée, sur les gardes champêtres. Vous qui ne tirez votre force que de l'opinion, ne craignez-vous pas que l'opinion vous abandonne, si vous ne savez la ménager avec un soin scrupuleux ? Vous avez aujourd'hui pour tribunes retentissantes deux journaux répandus. Avez-vous fait un pacte avec la presse ? Les défenseurs de la veille peuvent devenir les adversaires du lendemain. Mais admettons que leur fidélité soit à toute épreuve ; n'avez-vous pas à redouter la création de nouveaux organes populaires ?

Mais arrivons au grief le plus sérieux. Vous avez tort de méconnaître l'autorité des réunions publiques, que vos adversaires opposent avec raison à la vôtre. Les réunions publiques, voilà la véritable pomme de discorde ; voilà ce qui vous divise le plus. Aussi, nous arrêterons-nous à cette question importante, qui constitue le fond même du débat.

III

L'autorité du Comité central prend sa source dans les groupes. Les groupes sont composés d'une fraction importante de la démocratie militante ; mais ils ne sont pas toute la démocratie.

Dans chaque arrondissement, 300 citoyens au plus sont encadrés dans les groupes, et le nombre des électeurs radicaux est, en moyenne, de 15,000. Il faut avouer que 300 citoyens actifs, énergiques, pénétrés de leur responsabilité, offrent des garanties sérieuses. Leurs décisions peuvent être considérées comme l'expression de la volonté générale. Mais, en réalité, cette volonté n'est que présumée. Il faut l'interroger dans les réunions publiques, pour être assuré qu'on est d'accord avec elle.

Le Comité central du 2ᵉ arrondissement a manqué à son devoir en ne suivant pas cette marche, si simple et si naturelle, dans la dernière élection. Plusieurs réunions publiques et privées, hostiles à la candidature Chavanne, ont eu lieu, et les membres du Comité, cantonnés dans un mutisme absolu, ont dédaigné de comparaître devant elles, pour défendre leurs décisions. C'est là un précédent fâcheux, qui accuse un profond mépris pour un principe démocratique au premier chef.

Cet acte n'est malheureusement pas isolé ; il se rattache à tout un système, dont les conséquences peuvent devenir désastreuses. Examinons, en effet, ce qui se passe ordinairement. La période électorale est déclarée ouverte. Le Comité étudie dans le plus grand mystère les titres des divers candidats. Qui sera élu ? Attendons : les délégués des groupes délibèrent. Le candidat sera-t-il opportuniste, intransigeant, ouvrier, bourgeois ? Attendons : les groupes vont voter. Du reste, l'électeur est généralement patient; sa curiosité n'est point tapageuse. Il attend que le conclave ait choisi le nouveau pape. Le Comité est pour son indifférence un doux oreiller. Qu'a-t-il besoin de penser et d'agir? D'autres pensent et agissent pour lui. Un beau matin, à son petit lever, il ouvre son petit journal, qui est l'organe fidèle du Comité, et il voit en vedette le nom du nouveau candidat. Il apprend cette heureuse nouvelle en même temps que son voisin, qui n'est pas républicain. Si, par aventure, il parcourt les rues, il voit l'affiche rouge qui présente encore à ses yeux le nom du futur député. Que dis-je, du futur député ? Il est bel et bien député, puisque le Comité l'a choisi, nonobstant appel.

Pourquoi X..., excellent républicain, vétéran de la cause démocratique, n'a-t-il pas été choisi à la place de Z...? C'est ce que vous ne saurez jamais, car le Comité n'admet pas la publicité. Il repousse absolument le contrôle et les réunions publiques. Le jour de l'élection arrive; il n'y a plus qu'une simple formalité à remplir. Si les électeurs votent sans murmurer, comme cela arrive le plus souvent, on vante l'admirable discipline; si par malheur il y a des dissidents, on crie haro! on les qualifie d'ambitieux, et on passe outre.

Pour beaucoup, cela constitue l'idéal de la vie politique. Mais que devient la vie publique, qui a besoin d'expansion et d'activité, avec ce régime de malade appliqué à une démocratie saine et vigoureuse ? Si nous n'y prenons garde, nous allons tout droit aux mœurs plébiscitaires. L'élection doit être précédée d'une discussion contradictoire et publique; les titres des candidats doivent être pesés au grand jour ; si plusieurs courants parallèles et d'une intensité égale se manifestent dans le sein de la démocratie, on ne doit pas repousser systématiquement les candidatures multiples ; enfin, la question à poser aux électeurs doit être débattue par les électeurs eux-mêmes, afin d'éviter toute équivoque dans l'interprétation de la réponse. Ce sont là des garanties élémentaires que l'opinion publique n'a cessé de réclamer sous l'empire. En les reniant, on aboutit au plébiscite.

Pour persister dans ces errements, il ne suffit pas de dire que les électeurs ont toujours marché avec les groupes. Nous répondrons que, si les groupes représentent complétement la démocratie, ils n'ont pas à redouter les réunions publiques, qui leur donneront un surcroît d'autorité ; si, au contraire, ils ne la représentent que partiellement, ils doivent, à plus forte raison , s'inspirer de sa volonté dans les réunions publiques. .

Il nous semble qu'on ne peut échapper à ce dilemme. Nous protesterons toujours avec la plus grande énergie contre cette tendance, qui pousse les groupes à s'isoler de l'opinion et à former une sorte de corporation privilégiée dans la démocratie.

Aux premiers siècles de l'ère chrétienne , l'Eglise se composait de la réunion de tous les fidèles, qui choisissaient leurs évêques. Plus tard, la milice ecclésiastique, substituant son pouvoir à celui des fidèles, prit le nom d'Eglise, et rompit tous les liens qui la rattachaient au peuple. Ce mauvais exemple est imité par les groupes. Ils chassent les électeurs du temple : eux seuls sont l'Eglise. Nous ne connaissons rien de plus affligeant qu'un semblable spectacle. Nous voyons se former insensiblement une franc-maçonnerie politique, qui aura ses épreuves, ses mystères, ses initiés, sa hiérarchie et sa langue. On disait, en 1792, que le bonnet de la liberté était assez grand pour coiffer toutes les têtes. Il s'est rétréci depuis ; aujourd'hui, il ne couvre plus que 300 têtes ; demain, il ne pourra être porté que par un seul.

Il est vrai qu'en théorie, tout le monde peut faire partie des anciens groupes, ou en former de nouveaux. En pratique, cela n'est pas vrai. Combien d'excellents républicains sont empêchés, par leurs affaires, leurs relations, souvent même par le hasard, de participer au travail des groupes pendant toute la période électorale ? Quelques-uns demeurent en dehors de toute organisation par pure indifférence ; mais il en est d'autres qui se conduisent ainsi par tempérament. Ces derniers éprouvent de la répugnance pour cette discipline un peu étroite dont ils n'admettent pas la nécessité. S'il fallait défendre la République menacée, on les trouverait debout ; le jour du vote, ils font leur devoir sans hésiter. Il faut respecter les scrupules de tous ces hommes, sans les exclure de la vie publique. Leur opinion doit être interrogée, et il doit en être tenu compte. Or, où la connaîtrez-vous, si ce n'est dans les réunions publiques ?

Un récent exemple prouve toute la force des considérations précédentes. Lorsque l'incident Bonnet-Duverdier a été soulevé , l'ancien Comité central du 3ᵉ arrondissement a-t-il pris sur lui de juger cette affaire à huis-clos, et de délivrer à ce député un certificat de civisme ?

Non; il a réuni 4,000 citoyens pour leur soumettre cette question, rendant ainsi un solennel hommage aux principes que nous défendons. On a trouvé ce procédé raisonnable; mais voyez l'inconséquence : on reconnaît la nécessité des réunions pour juger la conduite des députés ; on la nie, s'il s'agit de choisir un candidat !

On veut bien reconnaître que les réunions publiques sont bonnes en principe. Seulement, elles offrent, dit-on, trop d'inconvénients, surtout en temps d'élection. Le désordre, le tumulte, la passion, sont leurs moindres défauts ; le sens politique en est banni, et leurs délibérations sont toujours entachées de précipitation et d'erreur.

Le peuple a beaucoup à faire pour être digne de la liberté complète. *Il n'est pas encore mûr.* O démocrates ! est-ce bien vous qui tenez ce langage ? Les tyrans et les rois n'ont jamais parlé autrement pour justifier leurs attentats contre les droits du peuple. Je sais que vos intentions sont pures, mais vos arguments sont mauvais. S.ns doute, une réunion d'hommes du peuple n'offre pas l'aspect monotone d'une assemblée officielle. La décence académique, les grâces du langage et les précautions oratoires y sont parfois négligées. Il n'y a pas de liberté sans agitation. Que diriez-vous des meetings tumultueux de l'Angleterre ?

Si vous cherchez des citoyens dociles qui se bornent à voter des adresses de félicitations au Comité, ou à sacrifier le droit de choisir les candidats au plaisir de faire du bruit, n'allez pas dans les réunions publiques. Mais si vous voulez tâter le pouls à l'opinion et soumettre vos décisions au jugement spontané du peuple, vous n'aurez pas de meilleure occasion. Le peuple est mûr et digne du suffrage universel ; mais si, par malheur, il ne l'était pas, les réunions publiques seraient plus que jamais nécessaires pour l'habituer aux mœurs républicaines.

Mais il y a les avocats. Leur éloquence capiteuse qui tour à tour entraîne, éblouit et frappe, est le plus grand fléau des réunions publiques Mon Dieu, délivrez-nous des avocats ! Qui dit cela ? Le Comité. Si nous étions convaincus, comme lui, que l'horreur des avocats est le commencement de la sagesse, nous ne choisirions pas nos députés, nos conseillers municipaux ou généraux, dans leurs rangs. Mais les avocats ne nous effraient pas, surtout dans les réunions publiques. Accordons à l'un d'entre eux la puissance de Démosthènes et le style de Cicéron ; toute son éloquence viendra se briser contre l'indifférence ou la colère, s'il n'exprime pas des idées conformes à l'opinion de l'auditoire. Un citoyen inexpérimenté, dans un discours sans art, produira souvent une impression plus durable. Les membres du Comité, venant défendre leurs opinions, seraient plus religieusement écoutés que les plus beaux rhéteurs du monde. Voilà la vérité. Les avocats ne sont pas à craindre lorsqu'ils se produisent au grand jour. Combien plus redoutable est leur influence dans les groupes et dans le Comité même !

Après les avocats, viennent les cabales, qui font tomber les candidatures dans les réunions, comme les pièces au théâtre. Eh bien ! dussions-nous être taxés d'optimisme exagéré, nous sommes peu inquiets de leur influence. La discussion publique en aura toujours raison, si elles ne sont fondées sur la justice. Mais pourquoi parler de cabales ? C'est dans le mystère du huis-clos qu'elles sont véritablement dangereuses. Elles se forment sourdement, gagnent peu à peu du terrain et démolissent dans l'ombre les réputations les mieux établies. La calomnie circule sous le manteau ; les on dit, les peut-être s'accumulent, et le candidat est exécuté sans enquête contradictoire, au grand profit de la cabale.

Cependant, supposons que les arguments dont nous venons de faire justice ont un fondement sérieux : admettons, pour un instant, que les dangers évoqués ne sont pas imaginaires ; nous n'en soutiendrons pas moins la nécessité des réunions publiques. La génération qui va naître à la vie publique n'a pas connu les épreuves et les malheurs de ce vaillant parti qui combattit, pendant un demi-siècle, pour établir la république. La haine de l'Empire souleva les généreux instincts de la génération précédente. A quelle école la jeunesse nouvelle apprendra-t-elle la fraternité, la haine du despotisme, l'abnégation, le courage, et enfin toutes les vertus civiques ? Où fera-t-elle l'apprentissage de la vie publique ? L'avocat se prépare à la contradiction, à l'attaque et à la défense, dans les luttes quotidiennes du barreau. Le peuple a les réunions publiques. C'est là seulement qu'il peut s'accoutumer à proclamer ses opinions avec franchise et à les défendre avec énergie. La République est définitivement établie. Mais que de graves problèmes restent à résoudre ! Nous avons besoin de former des citoyens qui s'intéressent à ces problèmes. Où en trouverez-vous, si vous fermez les portes des réunions ; ou, si lorsqu'elles s'ouvrent à deux battants devant vous, vous refusez d'aller vous inspirer au milieu d'elles ?

IV

Nous croyons en avoir assez dit pour convaincre nos lecteurs. Il est temps de conclure.

Nous proposons donc d'établir la hiérarchie suivante qui nous semble toute naturelle, dans les pouvoirs populaires : à la base les groupes, au milieu les réunions, au sommet le corps électoral.

Nous pensons que le Comité doit être maintenu dans chaque arrondissement, sous le contrôle des réunions publiques et privées. Ce tempérament introduit dans les pouvoirs du Comité, n'a rien d'offensant pour lui, Il lui restera encore des prérogatives assez grandes pour stimuler son ambition. Il ne sera plus, il est vrai, le grand électeur irresponsable qu'il a été jusqu'à ce jour. Son rôle se bornera à être, avant le choix des candidats, un excellent Comité *d'études et d'informations*, ayant qualité pour préparer le programme des réunions. Il aura pour mission de réunir le dossier de l'élection, d'examiner les titres des candidats, et d'indiquer ses préférences motivées. L'ordre du jour des réunions se trouvera tout tracé. Lorsque ces dernières auront prononcé en connaissance de cause sur les propositions du Comité, la tâche de celui-ci ne sera pas terminée. Il sera chargé de la propagande où il aura l'occasion d'employer toutes les ressources de son organisation et de sa discipline.

Nous soumettons ces réflexions à la bonne foi des électeurs, et à l'examen approfondi du Comité lui-même. Qu'il ne s'inspire pas d'un formalisme étroit, en les jugeant. Il n'est pas juste de dire, en certaines circonstances : tout ou rien ; car le peuple qui n'est pas formaliste, répond sans hésiter : rien ! Il y a toujours profit à méditer ces paroles de Louis XI : « Quand orgueil marche devant, souvent dommage marche derrière. »

A.-G. CLAUDE.

1069. — Imp. Ve Chanoine, place de la Charité, 10, à Lyon.